Hast du mich noch lieb?

Wenn Eltern sich trennen

Erzählt von Erhard Dietl
Mit Bildern von Reinhard Michl

Sauerländer

Im Sommer ging die Bärenfamilie am liebsten zum Fischen an den See. Dort saßen sie dann auf den großen glatten Steinen am Ufer und wärmten sich den Pelz in der Sonne.
»Hört nur, wie die Grillen zirpen!«, brummt Mama Bär zufrieden.
»Das bedeutet, dass die Fische gut beißen!«, freut sich Papa Bär.

Der kleine Bär durfte die Angel auswerfen. Dann warteten sie, bis die Fische anbissen. Mama Bär breitete die karierte Picknickdecke aus und Papa Bär zeigte dem kleinen Bären, wie man ein Lagerfeuer macht. Bald brutzelten die leckeren Fische in der Pfanne und von dem Duft bekamen alle drei einen Bärenhunger.

Wenn es regnete, verkrochen sie sich in ihrer Bärenhöhle.
Papa Bär nuckelte an seiner Pfeife und Mama Bär schlürfte eine Tasse Honigmilch.
Papa Bär nahm ein dickes Buch aus dem Regal, setzte die Brille auf und las eine Geschichte vor. Der kleine Bär lümmelte auf dem Sofa herum und war glücklich.

Am Abend gingen Mama Bär und Papa Bär manchmal aus,
um sich mit ihren Bärenfreunden zu treffen.
Dann musste der kleine Bär allein zu Hause bleiben.
Aber beim Abschied bekam er jede Menge Gutenachtküsse,
schlief schnell ein und träumte bis zum nächsten Morgen.
Wenn er die Augen wieder aufmachte, waren die Eltern längst
zurück und schnarchten in ihrem Bett wie die Holzfäller.

Ab und zu zankten sich Mama Bär und Papa Bär.
Der kleine Bär hatte keine Ahnung warum.
Papa Bär brummte laut: »Du dumme Ziege!«
Mama Bär brummte noch lauter: »Du blöder Ochse!«
Sie kannten wirklich viele Schimpfwörter.
»Doofer Uhu!«
»Dumme Gans!«
»Sturer Esel!«

»Was ist denn los?«,
fragte der kleine Bär erschrocken.
»Misch dich nicht ein, das verstehst du nicht!«,
brummte Papa Bär ärgerlich.
Immer wenn sich Mama Bär und Papa Bär zankten,
bekam der kleine Bär Bauchweh. Dann rannte er aus dem Haus
und versteckte sich hinter den Haselnussbüschen.

In letzter Zeit stritten sich Mama Bär und Papa Bär immer öfter.
»Du verstehst mich nicht!«, schrie Papa Bär.
Er haute mit seiner Faust auf den Tisch, dass die Gläser wackelten.
»Du liebst mich nicht!«, kreischte Mama Bär. Sie lief aus dem Zimmer und knallte die Tür zu, dass die Kuckucksuhr an der Wand verrutschte.
»Hört doch endlich auf!«, bettelte der kleine Bär und hielt sich die Ohren zu.

Der kleine Bär lag oft traurig in seinem Bett
und konnte nicht einschlafen.
Eines Nachts, als es wieder besonders schlimm war, schrieb er
seinen Eltern einen Brief.

Als Mama Bär am nächsten Morgen den Zettel las,
wischte sie sich eine Träne aus dem Auge.
Sie drückte den kleinen Bären ganz fest und sagte:
»Wir haben dich sehr lieb, kleiner Bär, das weißt du doch!
Auch wenn wir uns mal streiten, haben wir dich noch lieb!«
Auch Papa Bär las den Zettel und er drückte den kleinen Bären
noch fester und gab ihm einen Nasenkuss.
Da war der kleine Bär froh und dachte,
»Jetzt wird alles wieder gut!«

Aber am Sonntag wurde es noch schlimmer.
Es war wie ein Gewitter.
Mama Bär und Papa Bär waren wie Blitz und Donner.
Papa Bär wetterte: »Mir reicht es endgültig!
Ich halte das hier nicht mehr aus!«
Mama Bär weinte: »Ich hab die Schnauze voll!«
»Ich zieh aus!«, brüllte Papa Bär.
»Dann geh doch endlich!«, schrie Mama Bär aus Leibeskräften.
»Ich bin heilfroh, wenn du endlich fort bist!«

Papa Bär pfefferte seine sieben Sachen in einen
Koffer und nahm die Kuckucksuhr von der Wand.
»Die Uhr bleibt da!«, schrie Mama Bär.
»Die Uhr gehört mir!«, brüllte Papa Bär.
Er knallte die Haustür hinter sich zu
und war weg.

Am Montag regnete es. Der kleine Bär saß ganz allein auf den Steinen am See und dachte an Papa.
Am Dienstag hatte der kleine Bär schlimmes Bauchweh und gar keinen Appetit. Nicht mal auf Pfannkuchen.
Er schaute aus dem Fenster und dachte an Papa.
Am Mittwoch wollte der kleine Bär gar nicht mehr aufstehen.
Er blieb den halben Tag im Bett und dachte an Papa.
Am Donnerstag klingelte das Telefon.
Es war Papa!
Papa sagte, dass er jetzt eine neue Adresse hat.
Er wohnt in der Stadt, in der Kanalstraße 134 a.

Am nächsten Wochenende durfte der kleine Bär seinen Papa in der Stadt besuchen. Aber ohne Mama.
Papa holte den kleinen Bären unten am Fluss ab, und dann fuhren sie mit Papas Auto in die Stadt.
»Du darfst mich jetzt jedes zweite Wochenende besuchen«, erklärte Papa Bär.
»Das hab ich schon mit Mama besprochen und sie hat nichts dagegen.«
Na toll, dachte der kleine Bär und bekam schon wieder Bauchweh.

Von nun an besuchte der kleine Bär seinen Papa jedes zweite Wochenende. Sie gingen zusammen in den Zoo, in die Eisdiele und ins Pizzalokal. Sie tranken Cola auf Papas Balkon und spielten Fußball unten im Hof. Abends machte Papa Bär Lasagne in der Mikrowelle warm und der kleine Bär durfte mit Papa Bär fernsehen. Aber immer ohne Mama.

»Kommst du nie wieder nach Hause?«, fragte der kleine Bär.
»Wir sind geschieden«, sagte Papa Bär. »Hier ist jetzt mein Zuhause.«
»Habt ihr mich noch lieb?«, fragte der kleine Bär.
Und Papa Bär sagte: »Wir haben dich beide sehr, sehr lieb!«
»Ich hab euch beide gleich lieb!«, sagte der kleine Bär.

Mit Mama Bär machte der kleine Bär Ausflüge in die Berge.
Sie picknickten am See, spielten Federball und aßen Mamas selbst gebackenen Kuchen.
Sie bastelten kleine Holzboote und ließen sie im See schwimmen.
Aber immer ohne Papa.

»Gehen wir jetzt nie mehr mit Papa zum Angeln?«, fragte der kleine Bär.
»Das geht nicht. Wir sind jetzt geschieden«, sagte Mama Bär.
»Habt ihr mich noch lieb?«, fragte der kleine Bär.
»Du bist und bleibst unser einziger und allerliebster kleiner Bär!«, sagte Mama Bär.

Eines Tages, als der kleine Bär Papa besuchte, saß eine fremde Frau auf Papas Sofa.
»Das ist Hildegard!«, sagte Papa und räusperte sich.
»Hildegard wohnt jetzt bei mir.«
Der kleine Bär machte große Augen.
»Und du bist also der kleine Bär!«, sagte Hildegard.
»Wie schön! Wir werden uns bestimmt prima vertragen!«
Sie zwinkerte dem kleinen Bären zu und hielt ihm ein Schokoplätzchen hin.
»Hab keinen Hunger«, brummte der kleine Bär.
»Sei nicht so patzig!«, mahnte Papa Bär. »Sei gefälligst höflich!«
»Aber das macht doch nichts!«, sagte Hildegard und lächelte.
Hildegard hatte schöne Zähne und lustige Ohrringe.
Sie war eigentlich ganz nett und lachte viel.
Aber der kleine Bär musste immer an Mama Bär denken.
Dann wurde er traurig und fand Hildegard gar nicht mehr so nett.
»Wäre schön, wenn du Hildegard auch gern hast«, sagte Papa Bär zum kleinen Bären.
»Ich finde sie aber doof«, murmelte der kleine Bär.

Immer wenn der kleine Bär bei seinem Papa zu Besuch war,
musste er auf dem Schlafsofa im Wohnzimmer schlafen.
»Ich will, dass Papa auch auf dem Sofa schläft!«,
schmollte der kleine Bär.
»Ich will bei meinem Papa schlafen!«
Hildegard gefiel das gar nicht. Sie wollte natürlich mit Papa Bär
im Schlafzimmer schlafen. Auch Papa wollte lieber bei Hildegard schlafen.
Da fing der kleine Bär zu weinen an und Papa sagte:
»Ist ja gut, ich bin ja bei dir!«, und er legte sich zum kleinen Bären aufs Sofa.
Hildegard lag allein im Schlafzimmer.

Bei schönem Wetter durfte der kleine Bär mit Papa Bär
und Hildegard im Stadtpark Boot fahren.
»Sei bitte höflicher zu Hildegard! Reiß dich zusammen,
streng dich an!«, sagte Papa zum kleinen Bären.
»Ich streng mich ja an«, maulte der kleine Bär.
»Ich hätte so gern, dass wir uns gut verstehen, kleiner Bär«,
sagte Hildegard und seufzte.
Der kleine Bär dachte an Mama Bär und sagte gar nichts.

Mama Bär war in letzter Zeit oft schlecht gelaunt
und oft traurig.
Sie nörgelte am kleinen Bären herum: »Putz dir dein Fell!«
»Wasch dir die Ohren!«
»Widersprich mir nicht!«
»Was hat sie nur?«, dachte der kleine Bär.
Er konnte ihre schlechte Laune gar nicht verstehen.
Immer wenn Mama Bär mit Papa Bär telefonierte,
schimpfte sie in den Telefonhörer und der kleine Bär
musste sich die Ohren zuhalten.
Mama Bär nannte Papas neue
Freundin immer
»die Brillenschlange«.

Dann lernte Mama den Roberto kennen.
Roberto hatte früher beim Zirkus gearbeitet.
Er konnte mit Keulen und Bällen jonglieren
und auf einem hohen Einrad fahren.
Der kleine Bär fand das sehr spannend.

Roberto gab für Mama Bär und den kleinen Bären
eine Sondervorstellung im Garten. Er jonglierte die Keulen auf
dem Einrad und er wirbelte die Bälle durch die Luft,
dass es eine Freude war.
Mama Bär und der kleine Bär lachten und klatschten,
bis ihnen die Tatzen wehtaten.
Am Ende verbeugte sich Roberto elegant
und warf Mama Bär Kusshändchen zu.

Mama Bär bekam jetzt jeden Tag Besuch von Roberto.
Einmal brachte er dem kleinen Bären ein paar Jonglierbälle aus Leder mit,
und der kleine Bär durfte sich sogar aufs hohe Einrad setzen.
Irgendwann blieb Roberto auch über Nacht.
»Hast du ihn lieb?«, fragte der kleine Bär seine Mama.
»Ja, ich hab ihn sehr lieb«, sagte Mama Bär
und sie strahlte wie die Sommersonne.
»Und hast du mich auch noch lieb?«,
fragte der kleine Bär.
»Ich hab dich so lieb wie das
allertiefste Meer tief ist!«,
sagte Mama Bär.

»Und Papa?«, fragte der kleine Bär.
»Er hat dich so lieb wie der allerhöchste Berg hoch ist!«, sagte Mama Bär.
Sie gab dem kleinen Bären einen zarten Nasenkuss.
»Und ich weiß, dass dich der Roberto auch sehr gern hat!«
»Und die Hildegard?«, fragte der kleine Bär leise.
»Die Hildegard mag dich auch. Da bin ich ganz sicher!«, sagte Mama Bär.
Und der kleine Bär war froh, dass Mama diesmal nicht »die Brillenschlange« gesagt hat.

Am Wochenende malte der kleine Bär ein schönes
Bild. Er malte einen See und ein Schiff, und in das Schiff
malte er sich und Papa und Mama und Roberto und Hildegard.
»Das hab ich für dich gemalt«, sagte er und er schenkte Hildegard das Bild.
»Wie schön!«, freute sich Hildegard.
Und als sie am Nachmittag spazieren gingen,
ließ sie den kleinen Bären huckepack auf ihrem Rücken sitzen.
Sie lief mit ihm die Kanalstraße entlang und das war ein Mordsspaß,
denn Hildegard konnte wirklich sehr schnell rennen.
»Wartet auf mich!«, schnaufte Papa Bär und lief lachend hinter den beiden her.

»Was wünschst du dir eigentlich zum Geburtstag?«,
fragte Papa Bär den kleinen Bären.
Der kleine Bär flüsterte ihm etwas ins Ohr.
Papa Bär kratzte sich an der Nase und brummelte:
»Na, mal sehen, was sich da machen lässt. Das muss ich erst
mit Mama, Hildegard und Roberto besprechen!«

Erhard Dietl – Autor, Grafiker, Liedermacher.
Erhard Dietl studierte an der Akademie für das Graphische Gewerbe und an der Akademie der bildenden Künste in München. Als Illustrator hat er für alle großen Kinderbuchverlage gearbeitet und seine über achtzig Kinderbücher wurden weltweit in die verschiedensten Sprachen übersetzt und mit diversen Preisen ausgezeichnet: Stiftung Buchkunst, Kinderbuchpreis NRW, Österreichischer Kinder- und Jugendbuchpreis u.v.a. Bildergeschichten für ARD und ZDF, Kindertheaterstücke, Lesungen und Kleinkunstkonzerte runden seine Aktivitäten ab. »Hast du mich noch lieb?« ist sein erstes Buch für Sauerländer.
www.erhard-dietl.de

Reinhard Michl – Bilderbuchkünstler
studierte nach einer Schriftsetzerlehre in München an der Akademie der Bildenden Künste. Der Illustrator und Bilderbuchmaler hat nicht nur die deutsche Bilderbuchlandschaft seit 1979 entscheidend geprägt, sondern sich ebenso international einen Namen gemacht. Für sein künstlerisches Werk erhielt Reinhard Michl schon zahlreiche Auszeichnungen, u.a. den Troisdorfer Bilderbuchpreis, den Gustav-Heinemann-Friedenspreis und die Auszeichnung »Die schönsten Bücher« der Stiftung Buchkunst. Er stand auf der Ehrenliste zur Hans-Christian-Andersen-Medaille und der Auswahlliste zum Deutschen Jugendliteraturpreis.
»Hast du mich noch lieb?« ist sein erstes Buch für Sauerländer.

3. Auflage 2003

Reinhard Michl (Bild)
Erhard Dietl (Text)

Bibliografische Information der Deutschen Bibliothek
Die Deutsche Bibliothek verzeichnet diese Publikation in der Deutschen Nationalbibliografie; detaillierte bibliografische Daten sind im Internet über http://dnb.ddb.de abrufbar.

ISBN 3-7941-5004-X
www.patmos.de